Bernard Gustau

La naissance d'HAÏTI

Bernard Gustau

La naissance d'HAÏTI

Éditions Muse

Imprint
Any brand names and product names mentioned in this book are subject to trademark, brand or patent protection and are trademarks or registered trademarks of their respective holders. The use of brand names, product names, common names, trade names, product descriptions etc. even without a particular marking in this work is in no way to be construed to mean that such names may be regarded as unrestricted in respect of trademark and brand protection legislation and could thus be used by anyone.

Cover image: www.ingimage.com

Publisher:
Éditions Muse
is a trademark of
Dodo Books Indian Ocean Ltd., member of the OmniScriptum S.R.L Publishing group
str. A.Russo 15, of. 61, Chisinau-2068, Republic of Moldova Europe
Printed at: see last page
ISBN: 978-620-3-86732-9

La

Naissance

D’Haïti

Table des matières

Première partie : Les Prémices

Janette MEZY

Samedi 6 Août 1791

Le soleil brûlant commençait enfin à faiblir maintenant qu'il était sur le point de disparaître derrière le morne des cabris. Les esclaves de l'habitation Duclos de Limbe allaient pouvoir souffler un peu. Cette ancienne caféière avait été convertie en cotonnière depuis l'arrivée de Maître Jean, le régisseur, il y avait maintenant trois ans. Le propriétaire, un riche vigneron de Cadillac, près de Bordeaux, n'était jamais venu sur le domaine. Il était resté dans son imposant château et c'est le fils de son Maître de chai qui régnait sur Duclos. Dès son arrivée, il avait compris que le café ne permettrait jamais à son patron d'obtenir le rendement et les revenus qu'il attendait de son investissement. Il avait alors immédiatement entrepris la reconversion et avait commencé par acheter une centaine d'esclaves pour développer cette nouvelle activité. Janette faisait partie de ceux-là. Elle avait été rajoutée au lot d'hommes valides, comme une sorte de bonus car son propriétaire tenait surtout à s'en débarrasser. Elle se souvenait que la femme du régisseur était venue lui pincer le bout des seins. Aujourd'hui encore, elle ressentait le froid de sa bague incrustée de diamants sur sa peau nue. A l'aube de ses vingt ans, c'était la quatrième fois qu'elle était vendue et revendue. Non qu'elle fût moins docile, ni moins jolie, ni moins travailleuse que les autres, mais simplement quand les Maîtres découvraient qui elle était, ils craignaient que son hérédité ne leur pose des problèmes.

En effet, elle était la petite fille de François Mackendal, un célèbre marron, meneur de nombreuses rébellions dans la région et livré au bûcher en janvier 1758. Ce personnage était un « bossale », comme on disait, c'est-à-dire venant d'Afrique. Né en Guinée, puis arraché à son village, il avait subi le « passage du milieu », enchaîné dans une cale à l'odeur de tombe et de charnier, au plafond si bas qu'il ne pouvait même pas se tenir assis. Arrivé à Hispaniola, nom donné à cette île par Christophe Colomb à cause de ces paysages qui lui faisaient penser à l'Espagne, il avait été acheté par l'habitation sucrière Le Normand. Il avait vu les scènes déchirantes sur le marché aux esclaves où on l'avait traîné à la descente du bateau de l'enfer ; des mères et des enfants séparés, des maris à qui on arrachait la femme pour la vendre à un autre maître que son époux. Il avait vu les larmes des petits qui réalisaient que leurs parents devaient partir loin d'eux sous les coups de fouets, des frères et des sœurs désunis à jamais.

Après avoir coupé les cannes, il s'était occupé de leur écangage. C'est ainsi que son bras gauche avait disparu dans le moulin de broyage. Il avait séduit Lisbeth, la jeune et jolie esclave qui s'était occupée de lui. Mal lui en avait pris car le Maître la convoitait aussi et lui avait fait payer cette idylle au prix fort. C'est le dos lacéré de coups de fouet et son bras rescapé, déformé par les tortures qu'il s'était finalement enfui avec elle pour devenir un véritable personnage de légende. Portant le feu dans le camp des Blancs, empoisonnant des dizaines de troupeaux, voire même quelques contremaîtres, il avait incendié des récoltes et détruit plusieurs habitations.

Lisbeth et François avaient eu deux filles. Puis il avait été pris par les milices du Roi et elle avait été abattue sur place après avoir été violée et battue. Lorsqu'ils avaient tenté de le brûler vif le 20 Janvier 1758 sur la place publique du Cap-Français, il avait trouvé le moyen de fuir les flammes, d'être remis sur le bûcher par ses bourreaux avant de s'en extraire encore lorsque le poteau auquel il était lié s'était brisé. Il s'était alors enfui en traversant la foule ébahie des esclaves que l'on avait réunis pour assister à cet évènement. C'est pourquoi son nom était encore aujourd'hui respecté des esclaves…et toujours craint par les Maîtres Blancs !

Janette, sa petite-fille, était née vingt ans plus tard de la plus jeune des deux filles de ce « héros » dans la plantation Maquet où elle était cuisinière…Janette se rappelait bien de cette période de sa vie, des histoires que sa mère lui racontait. Elle se souvenait des odeurs, qui étaient différentes suivant l'endroit de l'Habitation où elle se trouvait, senteurs plutôt douces dans les champs et plus âcres dans la rue des logements d'esclaves, corps mal lavés et relents d'excréments venant de la fosse où jour après jour, on se soulageait. Elle imaginait son grand-père, psalmodiant de sa voix grave des récits de révoltes, pendant que torse nu et brillant de sueur, il nourrissait de faisceaux de cannes la broyeuse qui lui avait volé son bras.

Elle s'était vite adaptée à sa situation au Domaine de Limbe. Le fait d'être vendue souvent vous donnait une sorte d'acuité et de l'expérience sur les gens. Elle avait connu toute la gamme des perversités humaines chez ses maîtres et maîtresses, des briseurs de nègres aux obsédés du sexe, de la cruauté ordinaire à l'indifférence des morgues triviales. Elle savait chez ses pairs repérer, dès les premiers jours, le tire-au-flanc de l'industrieux, le mouchard du rebelle, celui sur qui on pouvait compter et celui qui vous trahirait pour le premier petit avantage. Ainsi allait la vie.

Chez son premier maître, elle avait pensé qu'il serait plus simple d'être affecté au service domestique plutôt qu'à la coupe des cannes. Elle avait vite réalisé que ce n'était pas le cas. Chaque faux pas était immédiatement amplifié dans sa gravité. Elle avait découvert la concupiscence des hommes. A chaque heure du jour et de la nuit, elle était le jouet érotique du Maître, et parfois même de ses contremaîtres. Elle devait subir et se plier à tous leurs caprices sexuels. Elle n'était que l'outil de leurs fantasmes les plus abjects, les plus dégradants, avant d'être renvoyée une fois leurs désirs assouvis. Elle devait endurer aussi la colère de la Maîtresse qui lui faisait payer à sa façon le fait de séduire, bien malgré elle, son mari. Il faut dire qu'à 14 ans, elle était jolie avec ses pommettes hautes et son corsage bien rebondi.

Un jour, elle s'était rebellée et avait refusé une énième brimade. Le Maître avait alors souri. Le lendemain, dès le lever du soleil, il l'avait fait fouetter publiquement par un des régisseurs. Liée à un poteau devant l'habitation au sommet du morne, tout un chacun avait pu entendre à des kilomètres à la ronde ses hurlements sous les morsures du cuir. Puis, il avait ordonné de passer sur son dos à vif du vinaigre poivré. Lorsqu'il l'avait détachée, elle était restée ainsi dénudée sur le sol, incapable de se relever, sa peau dégoulinante de sang. Plusieurs semaines après, elle souffrait encore malgré les cataplasmes que les guérisseuses avaient appliqués doucement sur ses plaies brûlantes.

Quelque temps après, on lui avait dit pour la première fois qu'elle était un poison pour tout le monde, que son grand-père lui avait transmis les gènes de la sédition. Il est vrai qu'elle avait été assez forte pour ne pas mourir et que dans son cœur, elle savait qu'elle porterait à jamais les graines de la révolte. Sa rentabilité étant trop maigre, elle avait été vendue…A l'évocation de ces souvenirs, la douleur ancienne sourdait à nouveau dans son dos porteur d'affreuses balafres et des larmes lui montaient aux yeux. Elle s'efforçait, bien sûr, de contenir cette souffrance, de la garder à distance, mais cela lui demandait de plus en plus d'énergie.

Dès le jour de l'arrivée ici, sur la plantation Limbe, on les avait conduits dans les champs. La plupart des hommes étaient certes forts et bien musclés, mais totalement inexpérimentés. C'était les plus anciens qui avaient montré comment faire aux nouveaux, malgré les difficultés de communication. Ils ne se comprenaient pas, ne parlaient pas les mêmes langues et apprenaient donc en s'observant. Au fil du temps, ils avaient su comment défricher plus de terre, comment planter, comment récolter. Le travail était très dur, car ils n'étaient pas habitués à autant de labeur. Les fouets des chefs d'équipe sifflaient souvent, au milieu des insultes, avant de s'abattre sur les peaux luisantes. Esclaves eux-mêmes, ils faisaient souvent preuve d'un zèle excessif pour conserver leurs postes car leurs privilèges ne tenaient qu'à peu de choses.

Janette était affectée à la culture des légumes pour toute l'Habitation. Elle s'occupait des ignames, des gombos, des patates douces et du maïs. Elle faisait également pousser un peu de riz, mais le terrain ne s'y prêtait guère. Elle s'occupait aussi de l'inventaire dans le grand bâtiment où étaient stockés blé, sésame et millet. Elle devait cette responsabilité au fait que dans son premier poste, avant les incidents, son Maître avait tenu à lui apprendre les rudiments du calcul et de la lecture. Elle savait donc un peu compter et un peu écrire. Depuis son arrivée, il y avait maintenant près de deux ans, elle avait réussi à obtenir deux livres qu'elle lisait et relisait pour essayer de progresser un peu. Elle disposait également d'un petit bout de terre près de sa hutte. Trois mètres carrés pour elle toute seule ! Elle l'avait travaillé avec acharnement pour disposer de quelques légumes supplémentaires. On lui avait bien ordonné au début de prendre un mari et ce n'était pas les beaux mâles virils qui manquaient, mais elle était restée sauvageonne et privait ainsi la plantation des petits négrillons qui auraient été les esclaves gratuits de demain. Heureusement pour elle, quand les rumeurs avaient, une fois de plus, circulé sur ses origines, le Maître avait changé d'avis ! Depuis, elle n'avait eu que des amourettes de passages et elle avait bien pris garde de ne pas devenir grosse. Tant d'images, de sons, d'odeurs d'hommes s'étaient incrustées en elle contre son gré, de façon si douloureuse, qu'elle ne voulait à aucun prix mettre au monde un petit enfant qui serait promis à une telle vie.

Enfin, elle avait rencontré M'Bosso dans une de ces soirées de décompensation, une de ces soirées où, au son du tambour et des lambis, ils se laissaient aller, ils laissaient la nostalgie les emporter, une de ces soirées où tout est permis pour oublier ... M'Bosso s'appelait en réalité Nicolas, était le cocher du Maître et il était descendu jusqu'à la rue des nègres presque par hasard, victime lui aussi d'un coup de cafard, malgré sa condition un peu différente. Il avait suivi l'appel des « Ka » et de leur rythme lancinant. Janette et lui avaient parlé, ils avaient dansé, ils avaient bu, puis ils avaient passé le reste de la nuit ensemble. Ils n'avaient pas fait l'amour. Ils étaient juste restés allongés côte à côte, au bord de son petit jardin, à regarder le ciel, à savourer une complicité silencieuse en se tenant la main. Grâce à sa position de cocher, il aurait pu la posséder, même contre sa volonté, mais non, il l'avait respectée et lorsqu'il était parti au petit matin, il avait juste posé un baiser sur sa joue…. Et laissé comme un vide derrière lui.

Depuis cette jolie soirée, ils se voyaient régulièrement. Dans la journée, Nicolas travaille comme cocher et le soir, il redevenait M'Bosso et restait parfois dîner le soir, apportant un bout de poulet ou de la morue qu'elle cuisinait pour eux avec les quelques petits légumes de son jardin. Leur relation évoluait et se renforçait au fil du temps. Avant lui, elle s'était contentée de survivre, de cultiver son petit lopin de terre en gardant au fond d'elle, cet impalpable, ce ressenti, cette révolte qui, elle le savait bien, finirait par déborder et la conduirait forcément à la mort. Il lui semblait sentir en elle s'affronter les gênes de la soumission et ceux de son grand-père et elle sentait bien que ces derniers l'emportaient. Elle devenait jour après jour de plus en plus porteuse de sa colère, de sa révolte et de sa haine. Maintenant, elle ressentait un immense désir de liberté, elle voulait vivre hors de ses chaînes. Elle l'avait décidé ; dimanche, la semaine suivante, elle irait faire un tour à La cérémonie.

Jorge BIASSOU

Lundi 8 Août 1791

Il tremblait de tous ses membres alors que la pluie ruisselait sur son dos, sur son torse dénudé. L'orage l'avait surpris au milieu du champ et de toute façon, il n'aurait pas pu s'abriter. Certes, il était chef d'équipe, mais surtout, il était là pour que le travail avance, quel que soit le temps. Que le soleil soit au zénith et te brûle la peau ou que la pluie te glace jusqu'au sang, il fallait s'occuper du café ! Comme souvent, quand le temps change, sa hanche lui faisait mal. C'est là, quand il était enfant qu'un charriot l'avait percuté violemment. Du haut de ses quatre ans, il jouait, courant comme tous les gamins après de petits animaux comme les anolis ou les blattes. Il n'avait pas fait attention. Ses pieds nus avaient glissé sur la poussière du chemin et la roue arrière l'avait accroché, lui causant une douleur violente. On avait cru que les os broyés dans le choc ne se ressouderaient jamais, mais grâce aux bons soins des quimboiseurs, et aux extraordinaires capacités de récupération des petits, il n'avait gardé, de cet épisode, qu'une légère claudication, à peine visible… et ces douleurs de changements de temps. Mais ses souvenirs aussi remontaient à si longtemps !

Une fois, il y avait plus de cinq ans, il avait permis à son équipe de s'abriter tant bien que mal pendant une grosse ondée. Mal lui en avait pris. Le fils du maître, un jeune coq voulant se prouver son autorité lui était tombé dessus. Il avait montré à tous que même un commandeur pouvait être durement puni. Il l'avait abandonné une journée entière, debout sous le soleil, les poignets liés devant lui à un piquet solidement fiché dans le sol. Au bout de quelques heures, il avait été abruti de chaleur et sa langue était comme une pâte sèche au fond de sa bouche d'étoupe. Il avait lutté tant qu'il avait pu, mais il avait fini par se soulager sur lui, ses pieds nus pataugeant dans son urine dont l'odeur l'enfermait plus encore dans sa déchéance. A ce moment, ce n'était plus un homme, mais une bête fauve, un bloc de haine, gémissant de soif sous le plomb liquide. Il n'avait jamais pu oublier ce jour maudit.

L'habitation Déluger, sur les hauteurs de Pilates produisait environ 250 000 livres-pesant, soit plus de 110 tonnes de café par an sur les quelques 50 carreaux plantés. Jorge, attaché à la propriété depuis 9 ans maintenant, connaissaît tout du caféier. Il avait appris comment faire pousser ce petit arbuste, comment il fallait le planter en quinconce après avoir défriché le terrain. Il savait qu'il se plaît en hauteur, là où il fait un peu plus frais, grâce au passage des petites brises, mais pas trop, car il craint le froid. Il avait tenu tous les postes, dans les petits bâtiments de lavage, de broyage et de séchage. Il avait dirigé la douzaine d'esclaves qui maniaient le vieux moulin à grager, tout en bois dur, qui décerisait les grains avant qu'ils ne soient déversés dans le grand bassin où le courant les débarrassait de toutes leurs impuretés. Il avait participé à la construction des grands glacis de séchage où le café passait deux à trois jours, selon le temps, avant de passer par le moulin à piliers, dont la grande roue verticale, actionnée par deux braves mules, déversait les fèves sur les tables de tri.

Paradoxalement, il trouvait une sorte de réconfort dans le déroulement de ces tâches, dans cette affection particulière qu'il vouait à cet arbrisseau. C'est comme s'il avait reporté sur lui tout le manque d'amour dont il souffrait. En fait, c'était un homme au sourire timide qui cachait le fait qu'il était mort au fond de lui, qu'il contenait une pelote de rancœur qui l'envahissait, qui le dévorait de l'intérieur. Certes, on ne mourait pas d'un manque d'amour, mais vivait-il ? Il se sentait différent des autres hommes. Il les observait, ceux qui ont des compétences, ceux qui savaient déjà cultiver avant leur arrivée sur le domaine. Il y avait aussi ceux qui étaient prêts à toutes les compromissions pour un petit avantage, tellement dérisoire, mais pour eux si important. Il y avait ceux qui semblaient se plier aux règles sans sourciller, mais qui, au fond d'eux, étaient prêts à s'enfuir, pour peu que l'occasion leur fût offerte et ceux qui, comme lui, attendaient l'heure de la révolte et s'y préparaient secrètement.

Le soir tombant, les alizés rafraîchissaient un peu le domaine. Pendant que les esclaves regagnaient leur hutte misérable pour retrouver, qui une épouse, où simplement un peu de douceur, de repos, de réconfort, que les enfants rejoignaient leurs parents pour partager un maigre repas. Jorge était attentif. Il savait que les vents portaient aussi, émergeant du chant des grenouilles la voix claire du lambi qui l'invitait au grand rassemblement secret de Dimanche.

Mama Kimbanda

Mardi 9 Août 1791

Les bambins jouaient tout nus sur la petite place un peu à l'écart du village des esclaves. C'était eux qui avaient décidé de nommer ainsi l'espace de l'hôpital. Il était un peu plus loin que les quelques cases branlantes, vaguement organisées en rond et où ils se reposaient quand ils rentraient épuisés par leur journée. Assise sur le pas de sa porte, Mama Kimbanda surveillait son vieux canari tout ébréché d'où s'échappait l'odeur doucereuse de la « Dictame », cette épaisse et délicieuse bouillie de maïs dont les petits raffolaient. C'était un vrai plein de calories pour que les enfants disposent de toute l'énergie dont ils avaient besoin pour courir, se chamailler, sauter, tourner et virer dans leur bulle d'insouciance.

Cette marmite était comme un vieil amant qui aurait partagé tous les moments forts de son existence. Elle l'avait trouvée la première année de son arrivée sur la plantation, il y avait maintenant plus de trente ans. Elle était posée là, près d'une case, abandonnée par son ancienne propriétaire morte sous les coups d'un contremaître ivre. Elle avait ressenti une grosse bouffée de nostalgie devant ce pot de terre cuite qui lui rappelait son village, de l'autre côté de l'océan. Ce simple récipient avait ravivé le souvenir des jours heureux de son enfance et de sa jeunesse frivole. Sa mère était toujours en train de cuisiner dans ce genre de marmite, que ce soit pour nourrir la famille ou pour préparer les potions dont les effets quasi miraculeux étaient connus jusqu'aux villages voisins. Sa maman était une guérisseuse de renom et lui avait enseigné l'art des plantes miraculeuses.

Dès son achat par Maître Noé pour sa plantation du morne Pilates, sa vie avait été différente des autres esclaves. Chacun savait qu'elle n'était pas tout à fait comme les autres. C'était une « Gadézafé », à la fois féticheuse et éveilleuse, dépositaire des savoirs africains, à la fois religieux et mystiques, hiératiques et inspirés. Le maître avait vite compris l'intérêt qu'elle pouvait présenter pour faire régner le calme chez lui et éviter une révolte. Son existence avait été le reflet de cet état. Elle était souvent livrée à elle-même, dans ce lieu un peu isolé du reste des maisons d'esclaves. Elle était généralement seule, sauf quand elle était plus jeune, plus désirable et que le maître avait besoin de chair fraîche pour garnir son lit de débauche, certaines nuits trop chaudes. Elle avait été chargée de l'hôpital et gardait les enfants pendant que les parents travaillaient dans les champs de coton.

Toute la journée, elle raccommodait des vêtements souvent usés jusqu'à la corde, elle rafistolait comme elle pouvait le toit de son bâtiment où des malheureux ou des malheureuses, estropiés par des coups trop violents, épuisés par la malnutrition ou le travail harassant, essayaient de trouver un maigre réconfort dans les soins qu'elle leur prodiguait. Elle leur donnait des soupes froides d'herbes revivifiantes pour contrer les carences en vitamines. Elle élaborait des décoctions de simples, cicatrisantes et lénitives, pour les balafres du fouet. Parfois, elle avait simplement des paroles adoucissantes contre les brimades, insultes et frustrations. Elle parcourait aussi les bois, à la recherche de mousses particulières et d'herbes sauvages dont elle seule connaissait les vertus. Elle ramassait des racines pour les cultiver à côté de son hospice, traînant en même temps derrière elle la cohorte joyeuse et étourdie des bambins confiés à sa garde.

Elle était aidée aussi dans la garde des ti-mouns (petits mômes) par une jeune créole, Mbarga, sage-femme qui travaillait dans un petit bâtiment accolé à son hôpital. C'était le lieu où les esclaves pouvaient, avec l'aide de cette jeune femme, mettre au monde leur bébé. Il faut dire que Monsieur Noé était un visionnaire et qu'il avait toujours autorisé et même favoriser les mariages entre esclaves. Ce n'était pas par bonté d'âme, mais par calcul. Plusieurs raisons l'avaient conduit à cette attitude : tout d'abord, les femmes mariées étaient plus fécondes que les jeunes célibataires pour qui s'adonner à des copulations sans lendemain était une sorte d'exutoire à leur condition de vie si difficile. Elles ne voulaient pas ajouter, à leurs détresses, tous les sacrifices qu'à leur idée, des enfants imposaient. Une fois en couple, l'homme et la femme devenaient plus dociles car ils se sentaient responsables des enfants. Ils devenaient une famille et leur vie semblait reprendre du sens. Sur Hispaniola, une grande partie des planteurs ne s'occupait que du profit immédiat et n'hésitait pas à toujours chercher un rendement maximum, même si cela devait tuer quelques nègres à la tâche. Il suffisait ensuite d'en racheter des frais au prochain bateau.

Contrairement à eux, Maître Noé soignait son cheptel. Il avait donc acheté cette sage-femme, la jeune Mbarga. Il l'avait soigneusement choisie. Elle était créole, car il pensait que celles-ci étaient moins rebelles que les africaines qui arrivaient de leurs villages. Elle avait eu le temps de s'habituer à sa condition pendant toute son enfance. Maintenant, c'était elle qui était responsable du bon déroulement des naissances. Elle avait sa propre bâtisse divisée en deux parties. La première salle, plus petite, était exclusivement réservée aux accouchements. C'était en quelque sorte, la salle de travail et l'autre, plus vaste était à la fois la pouponnière et la salle de repos. Les mamans et leurs nouveau-nés y disposaient d'un petit espace le temps de se remettre après la naissance. Les conditions d'hygiène dans les deux salles étaient absolument draconiennes. Mama Kimbanda et Mbarga s'étaient très vite entendues et avaient organisé leurs espaces. L'hôpital ne recevait que des hommes et « la case à marmailles » que les femmes. Avec elles, les jeunes mères étaient rassurées et elles étaient pleines de respect. La vision du Maître allait encore plus loin. Les parturientes voyaient leur travail allégé pendant les deux derniers mois de grossesse et pendant les deux mois qui suivaient l'accouchement.

Il avait mis au point une véritable politique et avait modifié en conséquence les conditions de vie sur son domaine. Les couples mariés étaient logés dans des cases plus confortables. Les mères de quatre enfants vivants avaient un lopin de terre un peu plus grand et une journée libre supplémentaire pour cultiver leur jardin. Les maris disposaient, quant à eux, d'un petit terrain clos où ils pouvaient faire l'élevage de trois poules et de trois lapins. Les portions de nourriture et la quantité de vêtements alloués augmentaient aussi dans des proportions importantes. A partir de huit enfants vivants, les mères étaient dispensées de travail aux champs ou de service à l'habitation pour être affectées au service de Mama Kimbanda et des enfants. Mais à ce jour, aucune n'avait encore remplie les conditions requises.

La difficulté de ce système était d'éviter les frictions dues à la jalousie de certains au sein de la communauté et les commandeurs avaient des ordres très stricts pour protéger les couples mariés et empêcher toute relation adultérine. Ils en répondaient sur leur vie. Pour Maître Noé, le surcoût occasionné par ses avantages était compensé par le gain sur la vente des esclaves « produits » localement. Contrairement aux autres, il avait compris que la malnutrition et le travail excessif tuaient la génération vendable de nègres et imposaient alors des dépenses de rachat importantes. Chez lui, avec le temps, ce commerce parallèle était devenu assez florissant et constituait une source de revenus non négligeable.

Quand le Maître respectait peu ou prou « le code noir », le dimanche après-midi, les alentours de l'hôpital se donnaient un air de marché. Les femmes et les hommes venaient échanger la production de leur petit lopin cultivé contre celles des autres. C'était un parfait mécanisme de régulation des surplus. C'était aussi, l'occasion d'un retour à « avant », dans une débauche de palabres pour négocier, ici un fruit, là un lapin, fruit d'une rapine ou d'un braconnage. Les sonorités des langues africaines et du créole se mêlaient alors dans un joyeux capharnaüm sonore. La place d'un village dahoméen le jour du marché était recréée l'espace d'un instant. Certes les proportions n'étaient pas identiques, mais cette ambiance imaginaire reconstituait une impression nostalgique, mais rassurante.

Parfois aussi, à l'occasion d'un évènement particulier, ou simplement quand le mal du pays se faisait trop pesant, les tambours étaient de sortie. Des couples se faisaient et se défaisaient dans les rythmes lancinants des percussions. Cela effrayait un peu les blancs, d'entendre ces mélopées ancestrales et souvent obsédantes. Ces harmonies débordaient de sensualité animale pour qui savait la percevoir. Le son enflammait les corps jeunes et vigoureux, privés de sexe et dont les hormones réagissaient à ces musicalités immémoriales. Si la nuit était douce, dans quelques mois, Mbarga aurait de nouvelles pensionnaires…

Ce lieu était aussi le réceptacle des confessions les plus intimes, chagrin d'amour ou nostalgie de la liberté perdue. Alors, Mama Kimbanda consolait, réconfortait, soignait comme elle pouvait. Au fil du temps, son aura et son charisme faisaient des miracles…

A l'évocation de souvenirs anciens, la vieille femme se moque un peu d'elle-même, derrière son sourire édenté. Pourtant, dans un élan de coquetterie, elle a badigeonné les ongles de ses pieds d'un onguent rouge vif, tentative dérisoire de se sentir encore un peu femme derrière son visage de parchemin craquelé comme un vieux cuir séché par le soleil. Elle a déjà préparé quelques onguents à la demande de son amie Cécile Fatiman pour la rencontre de dimanche….

Jean-François PAPILLON

Mercredi 10 Août 1791

Le feu liquide rougeoyait sous ses yeux et une nouvelle fois, il était émerveillé. La forge ronflait doucement sous le vent artificiel du soufflet et la lame du coupe-coupe ondoyait des couleurs étranges, du rose au pourpre selon la température du fer. La chaleur dans la pièce était quasi insupportable pour n'importe quel humain, mais Jean-François n'était pas un humain comme les autres. Cette étuve était sa vie, son refuge, sa source personnelle d'énergie. Il avait toujours vécu au creux de cette fournaise, depuis son plus jeune âge. Il était né ici, dans l'habitation Valenza à Port Margot. Son père et sa mère étaient des « bossales ». Sur la terre ancienne, ils étaient des « Waylubes », lui était nommé Bayillo Elie. C'était le titre honorifique lié à son état de Forgeron. Comme tout Maître des forges, il était celui qui assure la médiation entre les mondes et à ce titre, il présidait toutes les cérémonies rituelles, les sacrifices et les prières. Il était puissant et respecté car il fabriquait tous les instruments dont la société avait besoin pour exister, des outils d'agriculture, telles que les charrues, des armes de guerre comme les couteaux et les haches ou des objets cultuels ou décoratifs comme des bijoux ou des statuettes votives. Sa femme, suivant la tradition était potière et produisait la vaisselle et autres récipients de cuisson ou de stockage des eaux, des huiles ou des parfums dont les formes traduisaient son potentiel créatif. Maître Louis-Charles, qui les avaient achetés ensemble à leur arrivée à Hispaniola, avait un majordome cultivé nommé Hector. Il avait eu l'intelligence de le consulter et avait ainsi pu utiliser à son profit une partie de l'aura de spiritualité (il pensait évidemment de superstition) dont le couple était auréolé. Il avait honoré une partie des coutumes héritées de l'Afrique en installant la forge à l'écart du village des esclaves. La tradition avait été respectée et chacun avait reconnu dans le soufflet s'introduisant dans le feu, le principe mâle, transmetteur de vie sous forme de vent dans un foyer matrice, donnant naissance aux outils nécessaires à la coupe des cannes, aux rouages des moulins et aux cerclages des roues de charrettes. Sa femme, recréant la poterie pour la vaisselle des esclaves, mais exerçant aussi des fonctions de soignante exorciste auprès des blessés physiques ou moraux. Le petit Jean-François avait grandi au milieu de cette culture avant de devenir à son tour « Maître des forges ». Il était resté dans la modeste hutte de ses parents, tous les deux décédés depuis plusieurs années. Il était le portrait craché de son père, mais s'il en avait la carrure, il n'en avait, ni le charisme, ni sa faculté de communiquer avec les esprits. Pourtant, ce n'était pas faute de l'avoir adulé et même au-delà. Alors que les autres esclaves admiraient le sorcier, le magicien du fer et le virtuose du feu, lui, il aimait profondément l'homme, le papa qui l'autorisait à venir, au coin de l'atelier, admirer les jolis couleurs du brasier. Maintenant qu'il avait repris la charge, il était beaucoup plus pragmatique et il utilisait aussi sa forge pour produire des pointes de flèches et des lances au milieu des coupecoupes traditionnels que les coupeurs utilisaient pour travailler la canne. Apparemment timide et discret, c'était un artisan brillant dans l'art de la dissimulation et un technicien redoutable dans la fabrique d'armes discrètes et efficaces. Mais il avait hérité de l'amour du feu et même lorsqu'enfant, il devait surveiller les troupeaux de cabris sur les pans du morne, il s'imaginait orchestrant un monde d'incandescence et de chatoiements. Rêveur, il avait parfois été battu par des contremaîtres désireux de se mettre en valeur, mais en général, l'aura de ses parents le protégeait un peu plus que les autres enfants car les régisseurs craignaient les représailles des esprits sollicités par cette étrange famille.

Quand il le pouvait, il passait des heures à regarder son père, frappant le fer devenu mou et malléable, dansant autour du foyer rougeoyant pour faire naître sur l'enclume des fers à cheval, des clous ou des couteaux, chaînes ou soc. C'était magique d'assister à cette transformation des objets par la vertu de ces couleurs vives et chatoyantes qui tordaient le métal si rude pour le contraindre à prendre forme par la seule volonté du Maître de forge. Patiemment, il avait observé les tours de main, appris les techniques, découvert les secrets pour devenir ce qu'il était aujourd'hui.

A la cérémonie, dimanche, il proposerait, si nécessaire, ses stocks d'armes patiemment constitués dans la plus grande discrétion et dissimulés dans des coffres en métal sous le plancher de sa hutte…

Toussaint BREDA

Jeudi 11 Août 1791

Le même cauchemar revenait sans cesse !

Le jour se lève et il aperçoit par une petite fente du mur de la hutte que le noir du ciel a disparu, emmenant avec lui les dernières étoiles. C'est comme ça tous les matins et il guette cet instant car bientôt, il va pouvoir aller se blottir contre sa maman. Il sait bien qu'il aura bientôt 9 ans et qu'il doit être fort pour devenir un « Gaou », comme son papa qui est le chef de toutes les armées du Dahomey, son pays. Mais lui, il aime bien les câlins de sa maman, tant pis si tout le monde se moque de lui, le traitant de bébé ! Dehors, il entend des bruits de pas feutrés. Des gens parlent doucement, comme s'ils ne voulaient pas le réveiller. Puis, il y a cette odeur de brûlé et la hutte qui s'embrase ! Il sort et il voit de grandes femmes guerrières partout, dans tout le village. Elles crient et frappent ceux qui tentent de déguerpir. Ses deux grands frères sortent à leur tour et poussent de grands cris en s'enfuyant. Il voit leurs têtes quitter leurs corps et le sang jaillir. Une Amazone les a tranchées avec une longue machette dégoulinante. Il ne comprend pas ! Il reste immobile ! Ses voisins, ses parents sont attrapés, jetés par terre et on attache leurs mains et leurs pieds. On le jette aussi avec eux et lui aussi est ligoté. Puis, c'est la longue marche, en file indienne, pieds et mains entravés, vers la mer. Cela dure des jours. Il a peur et il est fatigué, mais il marche comme un zombi. Ceux qui ne peuvent pas suivre sont abandonnés sur place, tête éclatée d'un coup de bâton. Puis, on les fait monter sur une pirogue instable qui les conduit jusqu'à un bateau trop immense pour accoster. Vu de l'arrière le grand navire est plutôt joli, avec ses grandes fenêtres à croisillons séparées par de fausses colonnes sculptées. On les enferme dans son ventre. Ils sont couchés tête bèche. Il est à l'arrière avec des femmes et d'autres enfants qu'il ne connait pas. Il fait noir et le plancher bouge dans tous les sens. Il entend dans une sorte de brouillard des hommes qui crient des choses dans une langue qui ne connaît pas. Des grincements resonnent partout, lattes des différents ponts qui travaillent sous le poids des charges, bruits des poulies qui remontent les canots, voiles qui se déplient, volets que l'on ouvre ou que l'on ferme. Il est effrayé et il pleure beaucoup.

Un jour, on le traîne sur le pont et partout où il regarde, il n'y a que de l'eau, dans toutes les directions, aussi loin que ses yeux peuvent voir. Que de l'eau qui bouge, beaucoup, que de l'eau qui fait danser le bateau, comme un bouchon, avec le vent qui crie trop fort et qui dessine une bave blanche sur les vagues. Il est terrorisé, il est tétanisé. Il ne savait qu'il pouvait y avoir autant d'eau, lui qui ne connaissait que les petites rivières où il jouait à côté de son village, se baignant ou attrapant des grenouilles. Des marins à la peau rose et aux cheveux jaunes, rient de lui. Mais il ne peut même plus pleurer, il n'a plus de larmes ! On le traine à nouveau dans le ventre du bateau…

Il est trempé de sueur sur sa couchette. Il cherche son souffle. Son cœur bat la chamade. Il fait encore nuit sur la plantation Bréda et il essaie de se rendormir, mais ce satané rêve continue de le hanter. Il n'ose plus fermer les yeux, de peur de retourner sur ce maudit bateau, de revivre une fois encore cette traversée interminable, avec son bref soulagement lors du débarquement. Enfin un sol qui ne bouge plus, la lumière du jour et la chaleur du soleil. Il se souvient avoir contemplé pour la première fois les mâts du bâtiment, il n'avait encore jamais vu des draps de cette taille et il avait alors compris que le vent, lui aussi, était capturé par ces bizarres hommes blancs.

L'accalmie n'a pas duré longtemps, il y a eu ce marché aux enchères sur un port inconnu, loin de chez lui. Cette vente ouverte aux battements d'une maudite cloche dont il entend encore le son aigrelet. Puis, c'est le drame ! Son père qui se jette à l'eau pour ne pas être vendu. Et sa mère ? Qu'est-elle devenue ? Depuis ce jour où les Amazones du Roi de Guinée sont venues les capturer, il ne sait plus dans quel monde il vit.

C'était il y a si longtemps, presque 20 ans !

Il finit par renoncer au sommeil et se lève pour aller se laver rapidement au puits. Il se prépare une bouillie de manioc et il boit à grand trait une eau encore un peu fraîche de la nuit. A ses côtés, Suzanne, son épouse dort encore.

Il revoit sa vie.

Esclave chez les « Bayon », il a gravi patiemment tous les échelons. Il est arrivé jusqu'à commandeur sur le domaine, distribuant les tâches, tranchant les litiges et rythmant le travail de toute la plantation. Il organisait la vie des 350 esclaves, hommes et femmes du domaine. Il savait que tous lui faisaient confiance. Enfant, il a planté les graines des caféiers puis il a mené les cabris dans les pâturages. Il pouvait s'accorder des moments de grandes rêveries sur fond d'épopée guerrière. Adolescent, il a été à la coupe et au ramassage des cannes. C'était l'époque où son physique avantageux lui valait des nuits délicieuses au creux de la couche de jolies jeunes femmes qui, tout comme lui, s'évadaient de leurs conditions dans un libertinage débridé.

Intelligent et malin, il a très vite appris tout ce qui concerne le travail de la canne. Depuis la coupe et le transport, jusqu'au broyage dans le moulin qu'il a souvent alimenté, malgré les risques d'accident de ce poste. Il a entretenu les feux pour la longue phase de chauffe de la mélasse dans une atmosphère enfiévrée et irrespirable. Il a procédé à son raffinage et à sa mise en fûts. Son travail a été apprécié et il a été promu. Il a été cuisinier, puis cocher, puis chef d'équipes. Il a subi le fouet et le mépris, puis il l'a administré à son tour pour gagner la confiance de ces Maîtres.

Il a reçu de l'instruction et il sait lire et écrire. Enfin est arrivé l'impensable !

En 1776, grâce à lui et à la façon dont il a fait travailler ses équipes, la récolte sur la plantation est particulièrement importante. Il a 33 ans et il est affranchi par son Maître ! Il est libre ! Il choisit seul sa femme, une affranchie aussi nommée Suzanne.

Quelques années plus tard, il achète aux « Bayon » un morceau de terre et en 1785, il a sa propre plantation !

Pourtant, au fond de lui, il sait. Il sait que les hommes doivent être libres et non transformés en bêtes de somme !

Il est le fils d'un homme qui fut un grand général dahoméen, il est le fils d'un chef de guerre. Il porte cette hérédité au fond de lui. Il a cette aptitude particulière au commandement. Quand le moment sera venu, il jouera véritablement son destin, il sera lui aussi un « Gaou » comme son père.

Le climat est franchement insurrectionnel à cause de la brutalité avec laquelle les blancs traitent les esclaves. Il sait maintenant qu'une révolte est possible et qu'il sera un de ses chefs. Il dévastera ce système injuste et cruel. Il ne saurait en être autrement. Son père était un gouvernant et lui, il le sera aussi. Il sait mener les hommes, il sait commander des équipes. Ses frères ne sont pas nés pour être esclaves, il prendra leur tête pour leur rendre la liberté perdue par la cupidité de l'homme blanc.

Il a entendu parler de plusieurs réunions clandestines. Quelque chose de grand doit être en préparation.

Le soir, il écoute attentivement le lambi qui convie à un rendez-vous les principaux commandeurs des plantations de la région.

Il pense que, bien qu'il soit aussi propriétaire d'une habitation et qu'il emploie des esclaves pour produire la canne. Même s'il est un bon maître, que jamais, il ne les bat, il espère qu'il aura bientôt les moyens financiers nécessaires pour les affranchir. En attendant ce moment, il répondra dimanche à l'appel du lambi !

Cécile FATIMAN

Vendredi 12 Août 1791

Elle écoute distraitement l'histoire de ses ancêtres racontée une nouvelle fois par la vieille Matou, celle qui prépare le repas du midi pour toute la petite colonie de « marrons » qui s'est installée dans les bois du Grignon, dans ce lieu quasi inaccessible mais où ils sont si bien. La vieille femme était intarissable quand elle parlait de l'empire des « Mandingues ». Elle était persuadée que Cécile en était une descendante. Elle était sûre d'ailleurs que c'était une des raisons de la présence de la jeune femme. Dans ses gènes, c'était notoire, se cachait forcément une « Marron » et une rebelle.

Cécile ne disait rien. Elle se souvenait de sa capture, de sa vente et des moments difficiles qu'elle avait vécus. Chez elle, avant la terrible traversée, sa maman était une chamane et elle l'avait patiemment initiée aux secrets. Elle était morte aujourd'hui. Elle n'avait pas de nouvelles de son père, dont elle savait que c'était un prince corse, le seigneur Coidavid. Sa mère lui disait souvent qu'elle portait en elle sa fierté et son sens de l'honneur. Elle se voulait gardienne des grandes croyances. Elle se sentait remplie d'une conviction profonde, d'un devoir absolu : elle devait protéger ses frères de misère contre la cruauté des blancs, contre les conditions de vie. Non ! De survie, inhumaine qu'ils leur imposaient.

Assise au bord d'un petit lac, le regard perdu dans le vide, mais la tête bouillonnante. Elle était comme entourée d'une aura magnétique, d'une séduction charismatique, dont elle n'avait nullement conscience, mais que chacun autour d'elle pouvait ressentir tant elle en imprégnait l'atmosphère.

La jeune femme métisse avait des lèvres si épaisses et ses lunettes rondes étaient si larges que seul apparaissait, de son petit visage, un court nez pointu qui semblait vous narguer avec une insolence joyeuse.

Elle avait posé son pied sur une souche, un pied presque parfait ! Une petite pointure, une cheville parfaitement dessinée, assez fine pour que le tendon d'Achille ne soit pas noyé dans du tissu adipeux, mais que son dessin soit bien net, dégageant ainsi la beauté des malléoles. Aucune déformation ne venait enlaidir ses orteils délicats et sa plante bien dessinée, n'écrasait pas le talon, mais dessinait des coussinets à la jolie peau d'un rose légèrement teinté de jaune. Aucune peau morte ne venait gâcher ce petit chef d'œuvre.

Ses fines chaussures à lanières servaient d'écrin à ses doigts parfaitement dessinés et à un talon fin mais robuste.

Le mélange des gènes de sa mère, la grande chamane peule, et de son prince corse de père, lui avait donné une peau couleur miel, une abondante chevelure ondulée d'un bleu corbeau et un regard mordoré et magnétique où chacun se perdait. Elle possédait peu de caractères négroïdes, exceptés, peut-être, sa poitrine généreuse d'une exceptionnelle fermeté et ses fesses rebondies et musclées. Ses bras longs à la musculature délicate se terminaient par de petites mains d'une poigne de fer, malgré leur taille menue et ses jambes longues étaient mise en valeur par une musculature délicatement ciselée. C'était une femme magnifique dont la beauté ne pouvait que renforcer l'aura dont elle jouissait.

Initiée depuis son plus jeune âge aux rituels et au culte vaudou, elle était devenue avec le temps, une Mambo connue et respectée, sur une grande partie du territoire.

Maintenant, c'est elle que venaient consulter les jeunes femmes, la peau entaillée jusqu'à l'os par le fouet des commandeurs. Elle leur faisait boire sa décoction chaude à base de racines de bananier nain, mélangées à trois racines de cocotiers, bouillies et sucrées, pendant qu'elle recouvrait leurs plaies sanglantes d'un cataplasme de bananes très mures. Elle avait soigné de son mieux, les jarrets tranchés des fuyards récidivistes, et les mains coupées des voleurs qui n'étaient le plus souvent que de pauvres hères poussés par la faim. Elle avait souvent évoqué le Loa Sim bi, esprit des magiciens pour soulager les âmes des pauvres bougres, morts sous les coups ou d'épuisement et dont les corps étaient offerts aux corbeaux et aux buses. Pour l'exemple !

Puis un jour, elle avait saisi la chance de s'enfuir, de quitter cette plantation maudite et toutes ces souffrances pour arracher sa liberté. Elle avait tout fait pour disparaître, pour effacer sa trace, pour que les chasseurs d'esclaves ne la retrouvent pas. Elle s'était grimée, cachée, avait surmonté de longues périodes de solitudes pour que jamais ne réapparaisse sa piste. Elle avait connu la peur qui paralyse. Elle connaissait le sort réservé à ceux qui étaient repris, les mutilations, essorillement, section du tendon d'Achille, fouet, marques au fer rougi dans les flammes. Tout cela l'effrayait. Heureusement, grâce aux rivières poissonneuses et aux fruits abondants, elle ne connut pas la faim. Elle dormait dans des petites grottes naturelles creusées dans les mornes ou aux creux des racines d'un kapokier géant.

Elle avait réussi à gagner la communauté des marrons du bois du Grignon et depuis maintenant deux ans, elle était leur égérie, leur quimboiseur et même leur guide. Aucune décision ne se prenait sans qu'elle ne soit consultée. Depuis son arrivée, elle travaillait avec acharnement à un grand projet de révolte des esclaves de toute la contrée. Elle avait reçu clandestinement quelques commandeurs influents et ensemble, ils avaient commencé à échafauder des plans, confronter des stratégies et à jeter les bases d'un accord. Elle avait assimilé ce que signifiait le son des tam-tams qui propageait les nouvelles dans toute la région à l'insu des blancs qui n'entendaient là que des rythmes décousus et discontinus. Elle avait découvert qu'elle pouvait, d'une certaine façon, refuser sa servitude, presque s'évader, grâce à cette musique dont les sons saccadés, la bouleversait. Elle avait compris que seuls la révolte et le combat pourrait délivrer les hommes et les femmes de l'esclavage, que cela viendrait d'une conquête et non d'un cadeau des blancs. Seul le rapport de forces était susceptible d'aboutir !

Elle avait aussi appris à traduire le sifflement des lambis qui savaient par leurs stridences et leurs ondulations, parfois violentes, parfois tendres, transmettre des nouvelles en voyageant sur les vents porteurs…C'était pour elle un important moyen de garder le contact avec ses frères et un formidable outil de communication. Chaque soir, ou presque, elle pouvait mesurer la progression de l'activité de fronde, de son travail !!!

Dimanche soir, se tiendra l'ultime réunion de préparation….

Duty BOUKMAN

Samedi 13 Août 1791

Il est inquiet ! Cela fait des mois qu'il travaille d'arrache-pied pour la liberté de ses frères et maintenant qu'il lui semble être tout près du but, il se rend compte de l'ampleur de son projet, des mille et un détails qu'il lui reste à régler. Et le temps qui file si vite !

Il a rencontré plusieurs fois des contremaîtres, des régisseurs d'autres habitations, des meneurs d'hommes résolus, comme lui à faire cesser cet état de fait. Ces qualités guerrières, ils les portaient sur eux, à travers leurs tailles, à travers leurs postures, bien campés sur leurs jambes, par chaque pore de leur peau, attitudes martiales et regards francs. Leur musculature était comme sculptée par la dureté du travail. Par leurs veines saillantes, ils exprimaient combien ils étaient prêts à en découdre, à s'affirmer et à porter leurs hommes vers la victoire.

Il connaissait exactement dans quel état d'esprit se trouvaient ses camarades. Tous réagissaient à leur manière, celui-ci tripotant un gri-gri au fond de sa poche quand celui-là serrait une patte de chèvre ou un chapelet, mais tous avaient en commun une détermination sans faille et savaient faire preuve d'un courage exceptionnel. Tous avaient subi une vie laborieuse et difficile aux côtés de leurs frères de misère, mais tous avaient gardé au fond d'eux un désir absolu de liberté.

Ils avaient résisté aux fièvres, aux coups, aux blessures, à la malnutrition, aux plaies qui s'infectaient et aux jambes qui enflaient, aux zébrures brûlantes des lanières de cuir s'abattant sur leur dos ou aux maux qui irritaient leurs viscères. Mais ils étaient restés forts face aux faiblesses, à l'épuisement et à la maladie. Ils avaient fait front face aux pluies torrentielles et insalubres, aux rayons étouffants du soleil, à la torture de la soif ou de la faim et à la maltraitance des Blancs. Ils étaient des survivants, des combattants, des chefs de guerre et ils exigeaient maintenant d'être des hommes libres. Ils avaient fabriqué, ils avaient créé des outils qu'ils sauraient transformer en armes mortelles au service de leur mutinerie.

Duty avait observé avec une grande attention les blancs, il n'ignorait pas qu'ils pensaient que les nègres étaient bornés, mais lui savait bien que c'est parce que la condition d'esclave où ils étaient maintenus ne permettait pas de réfléchir et de se projeter dans un futur lointain, de même qu'ils les pensaient fourbes, dissimulateurs et sournois, mais qui oserait être franc face à une telle emprise.

Contrairement à ce que croyaient les maîtres, car cela les arrangeait, le peuple noir n'était pas une race particulière, créée pour subir le servage. Nous n'étions pas nés pour les châtiments et le travail forcé ! Nous étions, comme tout un chacun, capable de vivre hors de l'abjection et la dépendance. Si on nous répétait, à coups de fouet, que nous étions une race inférieure, c'était juste pour justifier l'oppression qu'on nous imposait en essayant de nous faire croire qu'elle était d'essence divine. La malédiction biblique du fils de Cham était un mensonge car il n'était pas vrai que sous l'effet de sa condamnation à être l'esclave de ses oncles, la peau de Canaan était devenue noire, contraignant ainsi tous les peuples noirs à la servitude ! Mais, comme tous les mensonges, il était bâti sur une telle invraisemblance qu'il en devenait crédible. Les premiers esclaves n'étaient pas noirs, mais juste « non-musulmans », et très souvent slaves, c'est l'origine même du mot « esclave ».

Ce soir, le vent fort qui soufflait sur la région emportait le message du Lambi de Duty qui invitait à la cérémonie de demain.

Le nom du lieu était codé, bien sûr, Boukman leur donnait rendez-vous dans les bois de la plantation, sous le grand Caïmitier et il signait de son nom : Dans le BOIS, sous le CAI-mitier, signé bouk-MAN. BOIS-CAI-MAN.

Il entendait dans le lointain que son appel était relayé par des tambours graves....

Deuxième partie :

La Cérémonie

Bois-caïman

Dimanche 14 Août 1791

La pluie fine qui tombait depuis le début d'après-midi avait cessé. Le soleil avait eu le temps de sécher les sols avant de laisser s'installer une nuit sans nuage. Comme souvent, l'air du dimanche soir résonnait des tambours et des soirées de détente des esclaves accordées par le code noir. Duty écoute attentivement et se rassure. Plus il y aura de bruits et d'agitation sur la région, plus sa réunion passera inaperçue. Prudent, il a laissé se développer une rumeur prétendant qu'une cérémonie vaudou se tiendrait peut-être cette nuit quelque part car il sait que les blancs sont terrorisés par cette pratique.

La lune éclaire la clairière où brûle déjà un feu de bûches. Petit à petit, les participants arrivent et discutent entre eux. Heureux de se retrouver, ils se congratulent, mais les expressions des visages, que l'on distingue dans le reflet des flammes, restent graves et les regards sérieux. Ce grand arbre sous lequel ils se réunissent ce soir dans la propriété de Lenormand est visible de très loin et c'est un repère facilement identifiable. La petite Janette se tient à demi dissimulée derrière un petit bosquet et observe, un peu perdue, l'agitation grandissante. Il y a là une trentaine de personnes, essentiellement des hommes, à l'allure sévère. Elle remarque une vieille femme assise seule sur une souche, un peu à l'écart. Sur ses genoux, elle serre un gros panier rempli de cassaves. Elle affiche, elle aussi, un air farouche et déterminé. Petit à petit, l'ambiance s'échauffe et la petite remarque une sorte de gourde qui circule. C'est du tafia, une sorte d'alcool un peu frelaté, un rhum de mauvaise qualité, certes, mais bon marché. Grâce à lui et aux musicalités syncopées, la transe sera plus rapide, plus profonde. La communion avec les Loas Vaudous sera plus intense.

Duty est tendu. Ce jour a été le plus long de sa vie ! Et le plus court aussi ! Depuis ce matin, il est à la fois inquiet et impatient. Il a écrit un discours, mais, bien sûr, il ne se sent pas satisfait. Il l'a relu, raturé, oublié, repris. Il se sent avide de liberté, d'une liberté qui le remplirait. Totalement. Il a peur de ne pas réussir, tout en étant si sûr de son succès. Depuis un moment, il observe l'arrivée de plus en plus de monde. Certains sont des commandeurs connus comme Jean-François Papillon ou Jorge Biassou. Un petit vent frais allège l'atmosphère et le rassénère.

Les jeunes se regroupent. Certains et certaines commencent à danser au son des tambourins légers et des lambis, chantant gaiement les paroles des musiques jouées. C'est une kermesse de corps, lisses et luisants, de muscles noués et de visages tourmentés. Mais pour une fois, leur sueur ne sent pas la peur. Tous communiquent dans une sorte de fête païenne, oubliant pour un instant leur situation dans une nuée de sensualité pure. Ils se chauffent joyeusement le blanc des pieds, préférant danser que de penser à leur condition. Les rythmes sont frénétiques et chacun saute, tourbillonne pour enivrer son corps de sensations exaltantes.

Un peu plus loin, un homme harangue un petit groupe, debout sur une souche. Il en appelle au Baron Cimetière pour qu'il le protège, pour qu'il les protège tous, qu'il les possède, qu'il leur donne le courage et la force pour éliminer tous les blancs. Il finit par descendre de son piédestal pour effectuer une pantomime étrange, s'accroupissant sur ses talons pour bondir comme délivré de la pesanteur. Il saute ensuite dans le feu pour marcher rapidement sur les braises et exécuter une danse rituelle guinéenne. Son déhanchement et ses cris gutturaux entraînent avec lui d'autres danseurs, déjà un peu ivres de rhum et de sons. Ils tourbillonnent en cadence, enfermés dans leur monde surréel.

Soudain, les tambours se taisent. Un murmure parcourt le groupe qui paraît un peu perdu. Les têtes tournent dans tous les sens, aux écoutes, attentives.

Elle apparaît !

C'est Cécile Fatiman !

Lorsqu'elle s'avance, chacun peut voir dans sa toilette, dans sa posture, dans son port de tête qu'elle est comme envoutée. Elle est Erzulie, la femme serpent, la divinité la plus importante du Vaudou africain, épouse de ses trois maris, Ogoun Feray, qui préside au feu, au fer et à la guerre, Damballa, esprit de la fécondité, de la bonté et de la connaissance et Agwe Tawoyo, qui règne sur la mer et ses profondeurs.

Elle porte à sa main gauche ses trois bagues sacrées du mariage, une pour chaque époux. Ses longs cheveux fluides glissent sur ses épaules comme une rivière aux flots tumultueux. Elle est la magicienne qui accordera les succès immatériels à ceux qui la suivront, mais elle sera impitoyable avec ceux qui l'offenseront !

Son port altier impressionne. Elle marche tranquillement, impénétrable et hautaine, flanquée de deux imposants gardes du corps.

La célèbre Mambo est venue depuis les bois du Grignon, le village marron perdu sur ce morne quasiment inaccessible. Fendant la foule, elle monte sur une souche et parcourt d'un œil vif, l'assemblée des fidèles, déférents et respectueux. Son air est toujours aussi exalté. Sur sa robe ample est dessiné un masque figurant un crâne, c'est une évocation de « Lanmo », la mort, qui s'invite dans la cérémonie. Chacun à l'impression que le regard de la prêtresse se plante dans le sien et il peut percevoir l'intensité de ce dernier comme un message qui lui serait personnellement adressé. Un rapace nocturne chassant une proie passe au-dessus d'elle, renforçant la fascination de l'instant. Une sorte de tension de communion s'installe. Il arrive que l'on ressente de façon impalpable des choses délicates, à peine perceptibles qui ne supporteraient pas la force des mots, mais que l'on éprouve nettement au sein d'un groupe vivant la même ferveur.

Cécile reste un long moment, immobile, silencieuse. Dans son esprit flotte un soleil couchant, des enfants jouant nus dans une mare, des arbres rassurants dans une clairière lumineuse.

Enfin, d'une voix grave et modulée, bras tendus vers la voute céleste qui se devine à travers le feuillage, elle en appelle aux « Guédés », les esprits de la mort pour vaincre les blancs, à Papa Legba, le vieux Dieu dahoméen, à Loko, le maître des plantes pour que les blessés soient tous bien soignés, à Damballa, l'esprit de la fécondité, pour pouvoir rebâtir un peuple libre. Elle tord son corps en un arc improbable, dans une offrande aux invisibles dignitaires vaudous Elle est la mère normative et nourricière, elle est la sœur meurtrie dont on partage le tourment, elle est la fille perdue par-delà les mers et les hommes. Elle est l'incarnation de cette cérémonie envoûtante, prélude à la liberté retrouvée. Ses yeux se révulsent, elle entre dans une transe cabalistique, dans une communion avec les forces occultes qui transcendent l'instant.

Elle s'écroule et reste un long moment, allongée au sol, son visage contre la terre encore chaude de la clairière, en harmonie avec les divinités occultes venues à son aide. Son corps tremble sous la possession des Loas. Elle est sauvage et vigoureuse, porteuse de l'espoir de chacun des fidèles.

La foule est subjuguée, muette de dévotion.

Tous rendent hommage à Gu, le Dieu du fer et de la guerre et à Shango, le maître du tonnerre qui partagent avec eux ce moment à travers les convulsions rituelles de leur Mambo. Chacun sent la transe s'emparer de lui et retrouve un semblant de liberté dans cette communion. Les gestes se font saccades, les démarches se hachent. Des harmonies renaissent différentes, envoûtantes et purificatrices.

La petite Janette est transportée par ce qu'elle voit, par ce qu'elle vit. Peu habituée à une telle foule, elle cherche M'Bosso dans l'attroupement, mais ne le trouve toujours pas. Elle est un peu déçue mais presque malgré elle, elle se laisse emporter par le rythme lancinant des tambours graves qui battent maintenant en sourdine. La grande prêtresse lui semble étrangement proche d'elle, comme une sœur, comme une intime. Elle reste pourtant si lointaine, drapée dans l'aura de son autorité naturelle. Presque malgré elle, les jambes de la petite dansent, comme dans une transe. Les paroles de la Mambo résonnent au plus profond d'elle, la traversent, la transpercent. Elle est comme un balancier, elle est comme la canne qui ploie et se tord sous l'haleine douce de l'alizé. Sa petite robe bleue, toute simple, très décolletée et juste serrée à la taille par une petite ficelle colorée, colle sur sa peau luisante. Elle se sent presque prête à pleurer tant ses émotions l'obnubilent, mais tant elle se sent forte, quasi invincible. Elle sait que rien désormais ne pourra plus entraver sa marche.

Derrière Cécile Fatiman, Mama Kimbanda, la vieille Gadézafé, fait suspendre à un arbre par les pattes arrière un cochon sauvage, vigoureux et combatif, dont le grognement de colère et de peur provoque des sensations étranges sur la foule, fascination et peur, magnétisme et hantise. Sous sa tête, elle place un grand baquet. La Mambo se relève et s'empare d'un long coutelas. D'un geste précis et rituel, elle tranche la gorge de l'animal, interrompant brutalement ses cris. Dans le calme soudain, juste soutenu par le rythme lascif des tambours, le Houngan Duty Boukman maintient solidement la bête dont le sang vif s'écoule dans le baquet. Dans les yeux morts de l'animal, on peut voir les reflets des étincelles du feu.

Chacun se recueille en silence. Tous les présents savent que s'ils boivent le sang du cochon, ils ne pourront plus revenir en arrière, ils devront aller jusqu'au bout de leur engagement, jusqu'à mourir si nécessaire. Mais ils ne reculeront pas ! Telle est la loi de leurs ancêtres dahoméens, de l'autre côté du passage du milieu, de l'autre côté de l'eau.

Quand le sang a fini de s'écouler, Duty monte à son tour sur la souche où se tenait Cécile. Le Houngan va traduire pour l'assistance ce que les esprits lui ont confiés. Son regard se perd un peu dans cette semi pénombre, les lueurs du feu et de la lune enrobent l'homme d'une douceur inattendue, allumant des reflets cuivrés sur ses cheveux. Un parfum de mousses flotte dans l'atmosphère, mais l'ambiance reste tendue. D'infimes torsions à la commissure de ses lèvres et une ride qui barre son front trahissent la tension qu'il subit.

C'est pourtant d'une voix forte qu'il prend la parole :

« Le Dieu qui a créé la terre, qui a créé le soleil qui nous donne la lumière.
Le Dieu qui détient les océans, qui assure le rugissement du tonnerre.
Dieu qui a des oreilles pour entendre : toi qui es caché dans les nuages, qui nous montre d'où nous sommes, tu vois que le blanc nous a fait souffrir.
Le Dieu de l'homme blanc lui demande de commettre des crimes.
Mais le Dieu à l'intérieur de nous veut que nous fassions le bien.
Notre Dieu, qui est si bon, si juste, nous ordonne de nous venger de nos torts.
C'est lui qui dirigera nos armes et nous apportera la victoire.
C'est lui qui va nous aider.
Nous devrions tous rejeter l'image du dieu de l'homme blanc qui est si impitoyable.
Écoutez la voix de la liberté qui chante dans tous nos cœurs.

Je refuse la possibilité de partager le temps, trois jours pour le Maître, trois jours pour l'esclave et le dernier pour Dieu, telle que je l'ai entendue sous prétexte d'adoucir notre sort. En adoptant cette proposition, nous resterions esclaves et rien ne le justifie ! Nous voulons être des individus libres et entièrement en charge de notre destin, tels que nos peuples l'étaient de l'autre côté du milieu.

Ainsi, dans quelques jours, nous quitterons nos huttes, nos villages, nos domaines pour détruire le pouvoir blanc par la force. La date de l'insurrection est fixée à la nuit du 22 Août 1791.

Pour l'instant, j'invite chacune et chacun d'entre vous à me rejoindre pour que tous ensemble, nous prêtions serment ».

Un cri d'allégresse salut ses propos et une file d'hommes et de femmes, souvent à genoux en signe d'humilité, se forme en face de lui. Mama Kimbanda lui tend un petit morceau d'une galette de manioc qu'il trempe dans le sang du cochon. Avec lui, il dessine sur son front une petite croix sanglante avant de l'avaler.

Tour à tour, chacun se présente devant lui et partage la galette imbibée du sang et se signe :

- Moi, Jorge Biassou, je jure de m'engager dans la lutte pour la libération de notre peuple……
- Moi, Kimbanda, …
- Moi, Jorge Biassou, …
- Moi, M'Bosso….
- Moi, ….
- Moi, ….
- Moi, ….

Chaque femme et chaque homme présent, quels que soient son âge et sa situation vient prononcer cet engagement devant le Houngan et la Mambo. Petit à petit, la foule se disperse. Après ce moment d'intense communion et de grande ferveur, chacun se retire silencieusement pour regagner son habitation. Avant de disparaître dans la nuit, ils emportent, soigneusement dissimulées des armes forgées par Jean-François Papillon et mise à disposition dans des coffres de métal.

Apres avoir elle-même mangé le petit morceau de cassave imbibé du sang de la bête, Janette a vu son amant prêter serment à son tour. Elle est rassurée et l'a suivi des yeux pour ne pas le perdre. Maintenant, elle le rejoint et s'assoit sur la terre rafraichie par la nuit, à côté de lui. Elle se demande si l'engouement qu'elle a perçu et dont elle est encore imprégnée, est dû à l'intensité de ces ressentis pendant la cérémonie ou à la cérémonie elle-même et à l'intervention des Dieux Vaudous. Ses yeux se ferment malgré elle dans cette atmosphère mystique. Pour la première fois depuis longtemps, elle se sent à sa place, en communion avec sa propre vie, en communion avec son nouveau monde. Elle contemple M'Bosso et elle s'allonge près de lui. Elle lui prend la main, le regard perdu dans les frondaisons. Elle aperçoit quelques étoiles qui, pour elle, sont autant de minuscules fenêtres laissant passer la lumière du paradis.

Elle sait maintenant qu'elle va fonder une famille avec lui !

Après la victoire !

Leurs enfants vont vivre dans un monde débarrassé de cette immonde servitude !

Auprès de celui qu'elle aime, elle attend, confiante et apaisée, que la clarté des braises disparaisse, qu'elle se dissolve dans le jour naissant...

Troisième partie : La Révolte

Hispaniola, 22 Août 1791

Janette Mézy

Janette se réveille doucement. Elle ne savait même pas qu'elle s'était endormie. Son corps nu et celui de M'Bosso sont étroitement imbriqués, l'un dans l'autre. A la nuit tombée, il était venu la voir et ils ont fait l'amour avec tendresse, avec passion, avec la peur que ce soit la dernière fois car ce soir, ils partent en guerre contre le Blanc esclavagiste. Ils se sont endormis. Elle sent la cuisse musclée de son amant entre ses jambes à elle, contre son sexe qu'elle écrase un peu. Doucement, elle bouge ses reins, réveillant les sensations exquises qui à nouveau, parcourent son ventre. Elle accélère son mouvement, frottant sa fleur dilatée sur la peau douce. Elle se sent de connivence avec son amant dans ce corps à corps plein de sensualité. Elle se sent épanouie, en maîtresse femme, menant à sa guise sa quête de jouissance. Dans son demi-sommeil, celui-ci lui sourit. Les sensations augmentent, elle sent monter son plaisir qui explose alors qu'elle serre fortement ses jambes autour de celle inquisitrice et délicieusement présente de M'Bosso. Elle est merveilleusement bien !

Dans un demi-rêve, elle perçoit dans le lointain des clameurs qui n'ont aucun sens. Une vague odeur flotte autour d'elle, mélangée aux délicieuses fragrances du corps de son amant.

Soudain, elle réalise que c'est le grand soir. L'odeur est une odeur de brûlé ! Elle se réveille tout-à-fait et se dresse, sens aux aguets, attentive aux sons diffus qui lui parviennent. M'Bosso ouvre un œil, lui sourit et brusquement se lève d'un bond. Lui aussi vient de comprendre. Ils s'habillent rapidement et sortent de la petite hutte de Janette. Au loin, ils voient monter de la maison du Maître le rougeoiement des flammes qui dévorent la bâtisse. Plus loin encore, sur l'horizon, ils distinguent des lueurs dansantes allant du jaune à l'orange.

La grande révolte a commencé ! Un sourire se dessine sur ses lèvres. Elle glisse sa petite main dans celle de M'Bosso, comme pour y trouver un refuge. Elle pense au combat de son grand-père et elle lui adresse un message muet : « ça y est, Gwampa mouen, nous y sommes enfin ! ». Entraînant M'Bosso avec elle, elle grimpe le chemin qui conduit à l'habitation.

En arrivant sur place, elle réalise ce qu'est vraiment la révolte. Elle n'est plus en train de rêver un monde futur, évanescent et irréel, elle marche au milieu de cadavres ensanglantés. Maître Jean Limbe et sa femme Noémie sont là, corps baignant dans leur sang et têtes tranchées, arrachées pour être plantées à quelques mètres sur une pique pour que tout le monde puisse les voir. La dépouille du petit Romain est abandonnée un peu plus loin sur le perron, du haut de ses trois ans, il serre encore contre lui un petit cheval en bois. Sa poitrine a été défoncée. Aux abords des bâtiments, le sol est jonché de vaisselle cassée, de vêtements ensanglantés à moitié déchirés, de vases brisés et de carcasses d'animaux domestiques, témoins des atrocités qui se sont déroulées ici. Ce spectacle cauchemardesque et la puanteur inqualifiable retournent l'estomac de Janette qui ne peut s'empêcher de vomir de longs jets douloureux de bile.

Jorge BIASSOU

Enfin ! L'heure de la libération a sonné ! Jorge s'empare de la grande machette qu'il avait soigneusement dissimulée sous sa paillasse. Il passe délicatement son doigt sur le fil pour en vérifier le tranchant, et satisfait, il se glisse silencieusement hors de sa case. S'éclairant d'une torche, il marche d'un pas résolu vers l'habitation Déluger. Plus il avance et plus il rencontre d'autres esclaves qui montent vers les hauteurs de Pilate. Les visages sont crispés, mais on sent, dans les allures, toute la détermination des femmes et des hommes qui cheminent à ses côtés. Pour eux, la liberté est en marche, même si elle s'accompagne de mort et de destruction.

Petit à petit, le groupe s'étoffe et tout naturellement, Jorge en prend la tête. Nul ne pense à contester les ordres qu'il distribue. Il envoie une dizaine de révoltés vers la maison principale, avec ordre de tuer tous ceux qui s'y trouvent, par n'importe quels moyens. Il y a de la revanche dans l'air. Des années de frustrations, de douleurs, de mauvais traitements à base de coups de fouet ressurgissent et c'est d'une manière particulièrement brutale que ses consignes seront exécutées.

Un autre groupe se charge d'incendier les bâtiments de production, un autre encore de déplacer les réserves de nourriture dans un lieu unique dont il fait assurer la surveillance. Jorge est partout, courant, admonestant, distribuant encouragements dans l'horreur et consignes de massacre. Lorsque l'habitation, après avoir été pillée, est incendiée, une bonne dizaine de cadavres, hommes, femmes, enfants, têtes tranchées ou ventres ouverts jonchent, pèle mêle, le perron dans une mare de sang. Chacun se réjouit de l'assassinat du Maître et des siens, symbole de leur calvaire de toutes ces années. Jorge fait ensuite dégager une partie d'un bâtiment de production, assez vaste pour y installer son centre de commandement. Depuis les hauteurs du morne, il a ainsi une vision sur toute la région.

D'autres commandeurs ont appris qu'il dirige la révolte et viennent le rejoindre avec leurs propres troupes. Il est aux anges. Tout ce qui représente le pouvoir est un baume pour lui. Cette reconnaissance de son autorité sonne comme un hymne extatique. Il a longtemps attendu ce moment, son heure et il savoure son arrivée.

Vers 4 heures du matin, les rapports commencent à arriver, ils font état de plusieurs dizaines de morts chez les blancs et d'au moins 500 plantations détruites par le feu et dont les réserves alimentaires ont été stockées à l'abri. De plus en plus de groupes arrivent, transformant son refuge en un véritable centre de commandement. Son leadership est total.

Vers 6 Heures, alors que le jour se lève sur une région dévastée, il organise une petite cérémonie pour annoncer aux femmes et aux hommes qu'ils viennent de remporter une première victoire et de faire un premier pas vers la liberté retrouvée. Il s'autoproclame Général en chef Biassou et se fait acclamer par ses ouailles. Bien qu'estimant que pour l'instant, il y a peu de risques de contre-attaque des esclavagistes, il met tout de même en place des cordons de sentinelles autour de sa base. Puis, il fait distribuer à tous les autres du tafia en récompense de leurs efforts et des succès qu'ils ont permis.

Mama KIMBANDA

Elle a vécu cette journée en imaginant mille moyens de protéger ses petits. Avec Mbarga, elles ont préparé des potions pour faire dormir les enfants d'un sommeil plus lourd cette nuit. Il n'est pas utile qu'ils subissent les cris, les odeurs, les affres de la révolte qui se prépare. Puis, pendant que Mbarga partait seule, armée d'un gros panier, à la recherche des nombreuses plantes qu'elles utiliseront pour préparer des remèdes, Mama Kimbanda, sous forme de jeux, a amené les petits à se regrouper dans la plus grande pièce de l'hôpital. Ce soir, ils ne retourneront pas chez les parents car ils vont faire une grande fête spécialement pour les enfants et donc, exceptionnellement, ils dormiront tous ensemble sur place, dans le nid géant qu'ils ont bâti pendant la journée. Certains avaient pour mission de regrouper des paillasses, d'autres, d'amener des couvertures, un autre groupe devait aider à confectionner un repas de fête. Une fois Mbarga revenue, son panier débordant de plantes, les deux femmes, complices et solidaires, ont réussi à donner le change, à faire manger les petits et à les coucher avant que n'éclatent les premières manifestations de la rébellion. Quand les flammes ont commencé à dévorer les plantations et la maison de Noé, que son cadavre et ceux de sa femme et de ses enfants ont été traînés dehors pour être exposés à la vue de tous, les enfants dormaient profondément dans cet espace protégé, créé spécialement pour les préserver. Elles restent toute la nuit à veiller sur eux…

Pendant cette veille, les deux femmes se transforment en apothicaire et préparent de nombreux remèdes, en prévision des blessures que les hommes et les femmes de l'habitation risquent de subir cette nuit. Elles mélangent l'achillée, le millefeuille et le cumin pour soigner les brûlures, l'aigremoine contre les blessures, et le plantain contre les affections des yeux. Elles mixent de l'ail, du poireau, du vin et de la bile de vache pour lutter contre le risque d'infection des plaies. Elles préparent dans des pots en terre des mélanges d'eaux puisées dans trois puits différents pour lutter contre les fièvres.

Elles confectionnent des bâtons de fumigation pour purifier l'air des cases nègres où elles traiteront les blessés en liant ensemble de la sauge officinale fraîche, du romarin frais, du thym frais et quelques tiges de lavandes à l'aide d'un fil de chanvre. Lorsque le jour se lève les deux femmes sont épuisées car elles ont à peine dormi trois heures. Mais elles ont à leur disposition un stock important de produits pour affronter une journée qu'elles craignent particulièrement longue. En plus de leurs tâches auprès des enfants, elles essaieront de soigner au mieux les blessés qui reviendront sur le domaine !

Jean-François PAPILLON

Il a pris avec lui une machette et un poignard accrochés à sa ceinture, une lance dans une main, une torche dans l'autre, il a couru sur le chemin qui mène à l'habitation. Lorsqu'il arrive, d'autres l'ont précédé et les Maîtres ont déjà été assassinés.

Au fur et à mesure qu'il parcourt la maison, il est frappé par le luxe dans lequel les blancs pouvaient vivre, bibelots et argenterie remplissent les placards, vases précieux sur tables basses marquetées, assiettes en porcelaine richement décorées. Il pense aux conditions de vie des esclaves, à la pauvre vaisselle en terre souvent ébréchée dans laquelle ils confectionnent et consomment de maigres repas. Jusqu'à maintenant, dans la chaleur rougeoyante de sa forge, il se sentait seul et triste, mais ce soir, il découvre que ces deux sentiments l'ont quitté pour faire place à un sentiment plus envahissant, plus tentaculaire, la colère ! Ses frères ne méritaient pas cela, ils étaient aussi des humains, comme ces esclavagistes ! Il ne comprend pas ! Si Dieu existe, comment a-t-il pu laisser un tel écart se creuser entre ses enfants. Alors, lui aussi commence à détruire ces symboles de richesse, de domination, il casse, il piétine, puis, au comble de la rage, il met le feu à cette maison maudite et part rejoindre les autres dans cette communion destructrice et cette folie impitoyable qui souffle de tous côtés, semant partout chez les colons, mort et épouvante.

Il n'y a plus aucune retenue dans la férocité de ses actes barbares. Il est le Maître des forges ! Il va se rapprocher de son destin ! Il va conduire une partie de la révolte. Les odeurs des incendies qu'il allume sont comme une drogue. Il va inscrire son nom sur la table de l'Histoire. Comment pourrait-il en être autrement ? Depuis son enfance, il est au contact des forces de la forge, du pouvoir de transformation. Il est capable de vaincre le métal. Cela signifie pour lui que l'exercice du pouvoir est seulement la récompense de son travail acharné, de cette lutte qui lui prenait tout, son énergie, sa jeunesse, ses pensées les plus secrètes. Et puis, il le doit à son père qui a fait de lui ce qu'il est. Il lui a donné le savoir ancestral de la maîtrise du feu et des métaux. Le ronflement des flammes le transporte. Il doit maintenant mettre cette connaissance au service de la liberté ! La sienne, certes, celle de ceux qui sont ses proches comme sa femme et ses enfants, mais aussi de tous ses frères brisés par la servitude ! Il est exalté par le moment. Oui, son savoir doit être au service de tous. Il va rejoindre les généraux de cette insurrection et se mettre à leur service !

Toussaint BREDA

Il est inquiet lorsqu'il rentre le soir dans son habitation. Suzanne et ses enfants sont dans le séjour, et ne parle que de l'insurrection. Lui-même, toute la journée, il a senti que tous étaient tendus. Il a surpris de nombreux conciliabules entre les esclaves travaillant à ses côtés dans les champs. En rentrant, il a vu au loin des fumées plus que suspectes. Il décide de se rendre à l'habitation Hayon, car il sait que le Maître est absent pour plusieurs jours. Sautant à cheval, malgré les protestations de sa femme et de ses fils, il choisit de se porter au secours de Mme Hayon et de sa fille de 16 ans. Lorsqu'il arrive, les émeutiers ne sont pas encore dans la maison. Il se précipite et découvre qu'elle a été désertée par ses occupants. Un moment désemparé, il se rappelle soudain du petit bâtiment désaffecté où enfant, le petite aimait se cacher. En y arrivant, il découvre les deux femmes terrorisées. Elles le reconnaissent et il leur parle doucement, pour les rassurer. Enfin, il installe la jeune fille devant sa selle pendant que sa mère saute en croupe. Ils repartent aussitôt et traversent la prairie avant que les insurgés ne l'aient incendiée. Le sort se joue à dix minutes près et ils sont à peine sortis des champs que le feu court sur leurs traces. En arrivant chez lui, il se heurte à l'hostilité de ses proches face à l'intrusion des deux femmes blanches dans leur maison. Il lui faut toute son autorité pour rétablir un calme précaire. Suzanne est furieuse des risques que son mari prend et surtout de ceux qu'il fait courir à tous, juste pour sauver ses anciens propriétaires. Elle lui rappelle que c'est précisément chez les Hayon que sa jeune sœur a été battue, violée et finalement assassinée par ces blancs qu'il protège aujourd'hui.

Elle quitte la pièce en claquant violemment la porte derrière elle.

Resté seul, Toussaint hésite entre rejoindre les révoltés ou rester chez lui pour protéger sa famille.

Il finit par entreprendre une rapide tournée des domaines voisins et constate très rapidement que la révolte est partout. Il voit bien que les esclaves pillent, brûlent, assassinent tout ce qui peut leur rappeler leur condition. Il comprend alors qu'il n'y aura ni paix, ni compromis possible et que la seule sortie envisageable du conflit devra être une victoire totale et la plus rapide possible.

Au petit matin, il se joint à Jorge Biassou pour le seconder dans la conduite de l'insurrection. Plus de 150 000 noirs sur les 500 000 que compte le territoire sont sortis de leurs huttes pour mettre la région à feu et à sang et tous ceux qu'il rencontre lui tiennent les mêmes discours : « Nous ne retournerons pas en esclavage, nous préférons mourir plutôt que de céder ! D'ailleurs, ne sommes-nous pas déjà morts ? Nous ne craignons pas les colons blancs, pas plus que les soldats français ! Nous irons les détruire jusqu'au fond de leurs casernes ».

Cécile FATIMAN

Elle a passé la journée à invoquer les Dieux Vaudous, à implorer leur aide et leur soutien dans la grande entreprise de libération de ses frères.

Elle a réuni les marrons de Bois Grignon dans le hounfor, son sanctuaire vaudou, niché au pied du grand arbre reposoire où se déroulent les mystères de son culte. Avec ses hounsis, servantes des Dieux, elle a évoqué Legba le vieillard boiteux appuyé sur sa béquille et qui marche en clopinant pour qu'il ouvre la barrière donnant accès aux Loas. Gardien des portes et des clôtures terrestres, il est aussi le protecteur des foyers et le dieu qui veille sur les routes et les sentiers. Elle a sacrifié un bouc, vêtu d'une housse en soie et en velours et portant, en guise de coiffure, un foulard noué à la racine des cornes. Ces parures sont de la couleur symbolique Ogou-ferraille, génie du fer et de la guerre.
Puis, la Mambo a fait appel aux Iwas, les plus cruels Marinette-bwa-chèch, Ti Jan pye chèch, dieux qui répondent volontiers aux sollicitations des magiciens et qui se font, de bon gré, les instruments des vengeances secrètes.
Elle a sollicité l'aide de Zaka, le vrai « habitant » des mornes et qui déteste les gens de la ville.

Puis, juste avant que la nuit ne tombe sur le morne des bois du Grignon, les chefs marrons des tribus, les Mandingues, les Ibos, les Nagos, sont venus, à ses côtés, rendre grâce aux Divinités Vaudous. Bientôt, plusieurs dizaines de femmes et d'hommes entourent la Mambo, dansant avec elle dans des transes envoûtantes. Les chants incantatoires résonnent loin dans la plaine où déjà quelques lueurs d'incendies allument l'horizon.

Sans un mot, les tribus se rangent derrière leurs meneurs et équipées de torches et de toutes sortes d'armes commencent à quitter le lieu pour se rendre dans les habitations. La peur change de camps. Les anciens tourmenteurs ont rendez-vous avec la mort, qu'ils soient des vieillards quasi impotents ou des gaillards dans la force de l'âge, que ce soient des femmes ou des enfants, même au berceau, la grande faucheuse est en marche et rien ne la retient !

Duty BOUKMAN

Alors qu'il gravit le morne pour arriver à l'habitation, accompagné d'une troupe hétéroclite de femmes et d'hommes en guenilles, mais à l'air opiniâtre et indomptable, il distingue, trouant la nuit les premières lueurs des incendies. La grande insurrection a commencé et a atteint un point de non-retour. Il sait que le moment est opportun. De toute façon, la situation n'était plus tenable, les informations qu'il a pu recueillir font état de 600 000 habitants sur l'île, dont 500 000 esclaves. Une telle proportion de captifs ne pouvait que conduire à la catastrophe. Il a eu aussi connaissance de mouvements de révolte qui ont lieu depuis deux ans en métropole. On y parle même de révolution. On lui a rapporté les propos tenus par des marins nantais un peu éméchés, dans une taverne de Gonaïves, près de l'île de la tortue. Ils affirmaient que le Roi de France était contesté dans son pouvoir absolu et dans son essence divine. Une nouvelle classe de dirigeants issus du peuple, de ceux qui se nomment « le tiers état » est en train de prendre le pouvoir à Paris. Il serait même question de changer le calendrier, mais il ne sait pas si cette nouvelle loi a été adoptée. Il pense que Rome et le reste de l'Europe n'accepteront jamais un tel bouleversement. Il lui semble que le monde arrive à la fin d'un cycle. L'ancien monde va mal et les temps sont venus de bâtir « le monde d'après ».

Il rejoint un groupe de plusieurs centaines d'insurgés. Ils l'acclament et le remercient d'avoir permis l'avènement de ce jour de libération. Sans hésiter, il en prend la tête et les conduit de façon plus rationnelle, plus efficace dans leur lutte.

Comme toujours, on le voit courant partout pour les encourager et les stimuler par son exemple. La puissance physique et la force morale qu'il déploie les galvanisent et les amènent eux-mêmes à se dépasser.

Il fait partie de ces meneurs d'hommes qui entraînent l'adhésion par l'exemple et le charisme, toujours aux avants postes, là où se trouve le vrai danger.

Au petit matin, il conduira les hommes qui l'ont suivi jusqu'au domaine où le chef Biassou a établi son état-major et les invitera à se placer, tout comme lui, sous son commandement unifié.

Hispaniola, 29 Août 1793

Deux longues années se sont écoulées depuis la première nuit de révolte. Deux années de guerre, de victoires et de défaites, de souffrances et de joies, deux années pleines de chaos gigantesques et de rares moments d'harmonies. Jorge Biassou est reconnu comme chef de l'insurrection avec ses trois principaux lieutenants, Jean-François Papillon, Jean-Jacques Dessalines et Toussaint Bréda, devenu Toussaint Louverture grâce à son talent pour percer des trous dans les lignes ennemis. Duty Boukman est mort au combat quelques jours après le début de la révolte. Les soldats français l'ont abattu dans une embuscade et ont voulu faire un exemple en installant sa tête, ses yeux grands ouverts sur le vide, sur une pique au centre de Cap Nègre avec une pancarte indiquant : « Voici Boukman, le chef des révoltés ».

En France, même, les choses avaient beaucoup évolué. La royauté avait cédé sa place à une toute jeune république qui avait envoyé à Hispaniola un corps expéditionnaire pour mater la révolte avec à sa tête le commissaire Sonthonax. Il s'est tenu informé de ce qui se passait à Paris, même si les informations en provenance de la métropole sont confuses et arrivent avec un retard important.

Lors de son départ de Nantes, le commissaire a ainsi appris qu'une insurrection avait eu lieu à Paris le 10 Août 1792 et que les conséquences de celle-ci étaient catastrophiques pour le régime royal.

En arrivant sur l'île, il avait rapidement vu que ses troupes ne pourraient jamais venir à bout de cette révolte. Evidemment, il ne peut pas ouvertement soutenir les insurgés, mais au fond de lui, la brutalité des esclavagistes le gêne terriblement. Sonthonax comprend bien l'importance économique du système qui assure la richesse de son pays, grâce au sucre, au chocolat et au café dont la demande est de plus en plus forte ! Mais il estime que le prix payé par les noirs est totalement disproportionné. La servitude maintenue par le fouet est contraire à ses convictions profondes et il ne peut plus la cautionner.

Aujourd'hui, il a décidé, en tant que commissaire de la république française, de réunir la foule et dans un grand discours sur la place principale de Cap Nègre, il a proclamé l'affranchissement de tous les esclaves de la partie française de l'île. Il se débrouillera pour faire entériner officiellement cette décision par la Convention à Paris !

Cette décision, il le sait, est conflictuelle, mais, au-delà du fait qu'elle lui semble juste, il espère qu'elle ramènera un peu d'apaisement dans le chaos qui règne ici depuis la terrible nuit du 22 au 23 Août 1791, qui a vu tout le territoire s'enflammer.

Quatrième partie : Epilogue

1804

Haïti, 1 janvier 1804

Quinze ans !!!

Il s'est écoulé 15 ans entre cette lointaine cérémonie de Bois Caïman en Août 1791, qui avait marqué le point de départ de cette gigantesque révolte.

Ce 1er Janvier 1804 sous le nom d'Haïti, nom donné par les Arawaks, (Ayiti) ses premiers habitants amérindiens, la 1ère République noire libre du monde voit le jour !!!

Voilà le long chemin qui a été suivi dans cette colonie française installée sur la partie occidentale de l'île d'Hispaniola. Pour cela, il a fallu que les européens perdent la guerre contre les insurgés esclaves. C'est la toute première fois qu'une révolte atteint une telle ampleur et surtout qu'elle est couronnée par une victoire totale sur les oppresseurs.

Certes, elle a bénéficié d'un certain nombre de circonstances particulières pour atteindre un tel résultat. La révolution en cours en Métropole n'y est pas étrangère.

Cette situation a permis à chaque partie de voir une opportunité pour faire avancer sa cause :

Pour les colons, c'est l'occasion d'instaurer la liberté du commerce en mettant fin au système de l'Exclusif de Colbert, cette obligation pour eux de commercer avec la France.

Pour les « gens de couleur libres », quelle belle chance de gagner l'égalité des droits qui leur est refusée par les colons.

Quant aux esclaves, ils pourront conquérir cette liberté dont la Révolution française a fait un étendard.

Les mois qui ont précédé ce jour furent d'une grande complexité en raison des nombreux évènements qui se sont déroulés. Des renversements d'alliance, des prises de pouvoirs partielles ont donné lieu à des affrontements violents. C'est finalement Toussaint Bréda, dit « Louverture », un des leaders de la révolution haïtienne, qui réalise le rêve de tous. Jorge Biassou, trop cruel a été débarqué du commandement par ses troupes elles-mêmes au profit de ses adjoints, Jean-François Papillon, Jean-Jacques Dessalines et Toussaint Bréda. Ce dernier, en s'alliant aux révolutionnaires français qui ont officiellement aboli l'esclavage le 4 Février 1794 à Paris et grâce aux renforts venus de métropole, parvient à prendre le contrôle de l'île et à repousser les Espagnols et les Anglais qui avaient profité des troubles pour s'installer dans des parties de Saint-Domingue.

Hélas, il ne verra pas l'aboutissement de son combat. En conflit avec Bonaparte, celui-ci l'a fait emprisonner au Fort de Joux en Franche-Comté. Les conditions de détention et le climat local auront raison de lui et il décédera le 7 avril 1803.

C'est pourquoi Jean-Jacques Dessalines se proclame gouverneur de cette jeune République indépendante…

Janette Mézy

Lorsque, son M'Bosso et elle, ont été libres, ils ont acquis un petit terrain entre Le Borgne et Port Margot, face à l'île de la tortue. Ils se sont mariés le Samedi 11 Janvier 1794. Il faisait un si joli temps. Puis, ils ont construit ensemble une petite maison avec une grande pièce à vivre, une petite salle réservée pour la toilette et une grande chambre pour abriter leur amour. Pour cela, M'Bosso a appris l'art de la charpente en allant aider à droite et à gauche des bâtisseurs plus aguerris. Puis il a ajouté à leur demeure une petite chambre pour leur premier bébé en promettant à Janette de créer une nouvelle pièce pour chacun des enfants qu'elle lui donnerait. Ils ont beaucoup ri de cela, mais M'Bosso a tenu parole et maintenant, il y a six chambres !!!

Janette a appris à lire à son mari et à quelques enfants du voisinage. Elle a beaucoup aimé cette expérience, ce partage avec l'autre et elle était d'une grande patience et toujours très créative dans les moyens à utiliser pour permettre aux enfants d'apprendre sans jamais s'ennuyer. Très vite, sa façon douce de se comporter avec les petits lui a amené de plus en plus de petites têtes à instruire, ce qui a forcé son charpentier à bâtir sur une parcelle de leur terrain un bâtiment particulier pour qu'elle puisse recevoir ses petits protégés dans de bonnes conditions.

Maintenant, pendant que son mari construit des maisons pour les autres, elle passe ses journées à apprendre à lire à qui le veut, à quelques travaux de couture et à s'occuper de sa grande famille de cinq enfants !

Ils profitent le plus possible du bonheur qu'ils ont su se construire !!!

Jorge BIASSOU

Il a beaucoup souffert, particulièrement dans son égo, de se voir retirer le commandement par ses hommes eux-mêmes et il s'est retiré dans une petite habitation pour ruminer sa vengeance. Il fait une consommation effrénée de tafia et est souvent ivre avant même qu'il soit midi. Chez lui, c'est aussi un défilé constant de nombreuses femmes de grande tolérance et de petite vertu. Les soirées sont le théâtre de beuveries qui se terminent souvent par des bagarres ou des orgies. En mars 1795, Jorge attrape une maladie à laquelle son organisme trop malmené ne saura pas résister et il décèdera au mois de Mai, seul et oublié de tous.

Mama KIMBANDA

Mama Kimbanda et Mbarga étaient restées très liées après l'abolition de l'esclavage. La jeune sage-femme a épousé un jeune maraîcher en Avril 1795 et lorsqu'ils ont emménagé dans la jolie maison qu'il possédait, ils ont tenu à garder Mama Kimbanda avec eux.
« Tu seras la nourrisse de nos petits » lui disait Mbarga et la vieille femme, qui était seule au monde, souriait de bonheur.
Pendant que son mari cultive le terrain, Mbarga s'installe dans une petite dépendance et continue avec l'aide de son amie à confectionner des remèdes pour toutes sortes de maux. Elle apprend aussi beaucoup à son contact, sur les plantes, sur les posologies, sur l'art de composer émulsions, onguents ou baumes. Sa compétence et sa gentillesse favorisent le développement rapide de sa notoriété. Très vite, sa réputation d'apothicaire lui permet de recevoir de nombreux clients. Elle a pu, grâce à son succès, acheter un petit boquet, voiture hippomobile légère et ouverte qui lui permet d'aller aider les femmes à mettre au monde leurs enfants plusieurs lieux à la ronde.
En 1797, elle-même donne la vie à une petite fille, dont, bien sûr, la vieille femme s'occupe pendant que sa maman et son papa travaillent.
Le jeudi 26 septembre1799, Mama Kimbanda fait une petite sieste après le repas de midi, elle s'éteindra paisiblement dans son sommeil…

Jean-François PAPILLON

Jean-François est un soldat et un maître forgeron. Il a été longtemps l'aide de camp de Jean-Jacques Dessalines et, maintenant que celui-ci est devenu le chef suprême de la nouvelle république d'Haïti, il devient tout naturellement son secrétaire particulier. C'est, pour lui, un monde nouveau que celui de la politique. Il va devoir subir un long apprentissage pour quitter les bottes et enfiler la redingote. Mais il se sent prêt à changer de métier. Il est impatient de s'essayer à vivre dans le monde des palais au lieu de celui des casernes et des forges.

Sa femme, une des rare blanche restée sur l'île après l'insurrection et qu'il a épousée en 1798, était déjà une coutumière des réceptions et des villas luxueuses. Elle possède tous les codes de fonctionnement de cette nouvelle vie. Le couple s'installe donc dans un petit domaine, tout proche de la capitale. Les mondanités étaient jusqu'alors absentes de l'existence de Jean-François, mais il sait bien que maintenant, il va devoir s'y confronter.

Pourtant, malgré tous ces défis qui se présentent à lui, il reste toujours d'une bonne humeur presqu'insolente qui en fait un compagnon agréable à vivre en toutes circonstances….

Cécile FATIMAN

Elle a quitté le village marron pour s'installer à Cap Haïtien, la nouvelle capitale de la jeune république. Elle occupe une luxueuse villa dans les hauts quartiers de la cité qui se développe au pied du morne carrefour. Elle y a créé un hounfor dès 1795. Ce dernier devient très rapidement l'un des plus importants centres vaudous des Caraïbes. Plus d'une centaine de Hounsis le fréquentent quotidiennement. Il est maintenant adossé à l'institut des Mambos et des Houngans qui, depuis sa création en 1798, éduquent les futurs cadres de la religion. Ils ou elles viennent de partout, même des îles voisines ou du continent américain pour se former. Souvent, les élèves arrivent à l'école sans savoir lire et écrire en français. Une grande partie du temps est consacré à cet apprentissage, ainsi qu'aux travaux sur les textes sacrés. L'étude détaillée des pouvoirs de chacun des très nombreux Loas et de leurs différentes formes, nécessite une grande attention et beaucoup de travail personnel. L'utilisation de la magie, la connaissance des plantes, la conduite des rituels, la maîtrise des pluies et des vents, du feu et des fumées, la fréquentation des mondes souterrains et des forces de la nuit complètent cet enseignement religieux. Il arrive fréquemment que certains renoncent tant la quantité de notions à contracter est importante.

L'acquisition de ces savoirs s'étale sur plus de deux ans, aux termes desquels, les nouveaux érudits en connaissance vaudou peuvent repartir chez eux et participer alors au rayonnement des vraies croyances dans toutes les Antilles et sur le continent américain.

Fatiman fait désormais partie des cercles proches du pouvoir. Elle vit en couple avec le général Jean-Louis Pierrot, recréant ainsi une nouvelle fois la redoutable alliance de l'armée et de la religion, du sabre et du goupillon…

Printed by Books on Demand GmbH, Norderstedt / Germany